Bibliografische Information der Deutschen Nationalbibliothek:

Die Deutsche Bibliothek verzeichnet diese Publikation in der Deutschen Nationalbibliografie; detaillierte bibliografische Daten sind im Internet über http://dnb.d-nb.de/ abrufbar.

Impressum:

Druck und Bindung: Books on Demand GmbH, Norderstedt Germany
ISBN: 9783668211049

Dieses Buch bei GRIN:

http://www.grin.com/de/e-book/321732/wer-ist-jesus-christus-der-streit-um-den-gottessohn-in-der-fruehen-kirche

Lukas Grangl

Wer ist Jesus Christus? Der Streit um den Gottessohn in der Frühen Kirche

Eine Zusammenfassung von Franz Dünzls "Kleine Geschichte des trinitarischen Dogmas in der Alten Kirche"

GRIN Verlag

GRIN - Your knowledge has value

Der GRIN Verlag publiziert seit 1998 wissenschaftliche Arbeiten von Studenten, Hochschullehrern und anderen Akademikern als eBook und gedrucktes Buch. Die Verlagswebsite www.grin.com ist die ideale Plattform zur Veröffentlichung von Hausarbeiten, Abschlussarbeiten, wissenschaftlichen Aufsätzen, Dissertationen und Fachbüchern.

Wer ist Jesus Christus?
Der Streit um den Gottessohn in der Frühen Kirche

Franz Dünzl: Kleine Geschichte des trinitarischen Dogmas in der Alten Kirche
Eine Zusammenfassung

Inhaltsverzeichnis

1. Einführung in das Problem[1]

- **Selbstverständnis** des Christentums als **monotheistische Religion**
  - darin in ***Verwandtschaft*** zum ***Judentum*** und dem ***Islam*** (vgl. Schema und Schahada ("Es gibt keine Gottheit außer Allah, und Mohammed ist der Gesandte Allahs"))
- **ABER: Trinitätslehre** im Christentum => Frage nach dem inneren Verhältnis Gottes. Wie bspw. Christus denken?

  ▶**<u>Kernproblem</u> und Hintergrundfrage des trinitätstheologischen Diskurses**, der in dieser Arbeit beschrieben wird:
  *Wie den **Monotheismus mit der Heilsbedeutung Christi in Einklang bringen?***

2. Die Anfänge der Christologie[2]

- **Zentrum & Auslöser der Diskussion**: Jesus von Nazaret als historische Person mit übernatürlichem Anspruch.
  - **Jüngerkreis** um Jesus herum, die seine Botschaft weiter verbreiteten.

- **Tod Jesu** – wie ein gottverfluchter Verbrecher (vgl. Dtn 21,23) gekreuzigt – als **Wendepunkt der Bewegung um Jesus**, sowie Ausgangspunkt einer vertieften christologischen Reflexion. →
- **Auferstehung Jesu** wird **zentral**:
  - **Paulus** beschreibt das "Evangelium Gottes" als die Botschaft des auferstandenen Sohnes, eingesetzt in Macht dem Geist der Heiligung nach und der von David abstammt (vgl. Röm 1,3f).
    - Nach Paulus ist Jesus eingestzt und definiert als der ***Sohn Gottes***, aufgrund der Auferstehung (=Erhöhung zum Gottessohn).
    - Nicht nur die Gottessohnschaft, sondern auch das Wirken Jesu wird durch die Auferstehung bestätigt.
  - **Markus** verwendet den ***"Sohn Gottes"-Titel*** seit Beginn des Auftretens Jesu (Taufszene Jesus und Johannes).
  - **Lukas** und **Matthäus** gehen weiter: Jesus wird schon in den ***Kindheitsgeschichten*** als der Sohn Gottes präsentiert.
  - **Johannes** stellt Jesus im ***Prolog*** als den ***inkarnierten Logos*** dar, der schon vorher bei Gott war (Präexistenzchristologie)

  => Bereits im NT werden unterschiedliche Antworten gegeben, auf die Frage hin, was und wer den Christus sei.
  - Im **2. Jhd.** glichen kirchliche Theologen, wie **Justin der Märtyrer** oder **Irenäus von Lyon** die vers. christologischen Ansätze soweit aus, dass ein homogenes NT entstand.

  - **Tation** schuf um 170 sogar eine Evangelienharmonie, das 'Diatessaron'.
  - **Heute** tun wir mittels der **historisch-kritischen Methode der Bibelexegese** wieder einen Blick hinter diese Harmonie.

1 Vgl. Dünzl, Geschichte des trinitarischen Dogmas, 10f.
2 Vgl. Ebd., 11–19.

- **Nicht alle zogen mit dieser Entwicklung mit**, und verwarfen für sich bestimmte Christologien (zB ***Ebioniten***, kontra Jungfrauengeburt, betont MkEv; ***Adoptianismus*** (Vorteil bzgl. des strengen Monotheismus)).

- => Aus all dem folgte die **dringliche Aufgabe** für die Alte Kirche, das Verhältnis Gott – Christus zu klären.
  Aussagen der Unterordnung Christi stehen ↔ **Aussagen der Einheit von Vater und Sohn gegenüber.**

3. Erste Modelle für das Verhältnis von "Vater" und "Sohn"[3]

- Noch in **NT-Zeit: Ausarbeitung von Kategorien**, um das **Verhältnis von "Vater" und "Sohn" zu bestimmen.**

  - **(A) Gott und Christus werden ident gesetzt.**
    Kol 1,15a: Sohn als "Bild des unsichtbaren Gottes".
    - vgl. die pln Aussage Christus "ist das Bild Gottes" in 2 Kor 4,4; sowie: jüdische Weisheitsspekulationen (Weish 7,26c LXX, Hebr 1,3 und Kol 1,15 weisen auf die spientia Salomonis zurück)
    → Im ***Kontext des Platonismus*** eignete sich die ***Bild-Kategorie*** hervorragend um Differenz und Identität gleichzeitig auszusagen.
    → Im ***Kontext dieser Verse*** steht die ***Sophia-Logos-Spekulation***. Es ist gleichzeitig von Schöpfungsmittlerschaft und Präexistenz Jesu die Rede (vgl. auch Joh 1,1-18)
    - *Philon von Alexandrien* identifiziert ***Logos mit Sophia.***

  - **(B) Gott und Christus NICHT ident.** Bspw. in der ***"Geistchristologie"***, die sich der Kategorie ***Pneuma*** bedient, um zu zeigen, dass der Erlöser zur göttlichen Sphäre gehöre, aber nicht mit Gott ident ist. -> Frage nach der Vereinbarkeit mit dem Monotheismus im Hintergrund.
    - Bspw. **(a)** ***im 2. Clemensbrief*** (rund 130-150 n.Chr.): *Im Pneumasein stimmen Retter und Gott überein*, es verbindet Jesus mit dem Vater = Dehnung des strikten Monotheismus. Dahinter steht die Vorstellung, dass alles Göttliche
    - Bsp. **(b)** ***Hirt des Hermas*** (130/140): Gott lässt das *präexistente heilige Pneuma im Sarx* wohnen. Das Fleisch diente dabei dem Pneuma so gut, dass es Gott zum Genossen des Heiligen Pneuma annahm. ("heiliges Pneuma" = Gott zugeordnete heilgeschichtliche Gestalt)
    (c) der Hirt des Hermas verwendet auch andere tastende Versuche sich dem Thema anzunähern: ***Christus wird als ein (erhabener, großer) "Engel des Herrn" bezeichnet.***
    - Hintergrund ist das AT, wo mehrfach vom mal'ak JHWH die Rede ist, wobei in ein und derselben Erzählung der Bote/Engel Gottes mit diesem gleichgesetzt werden kann. (Gen 16,7-14; Gen 18,1-19; Ex 3,2-6; Ri 6,11-24; Ex 3,11ff). Christus erkennt, erfüllt und verkündet den Willen des Vaters, dient ihm dadurch. Dieser selbst bleibt absolut transzendent. Das Moment der Subordination, das hierbei mitschwingt ist für das Frühe Christentum nicht ungewöhnlich.

---

3 Vgl. Ebd., 19–29.

- ○ **Begr.: "Oikonomia"** (griech.: Haustand) bedeutete für die frühen Christen die **Fürsorge Gottes für den Erdkreis.** ***Christus*** ist Akteur dieser Oikonomia, der ***Heilsmittler***. Neben ihn tritt noch der Hl. Geist, das Pneuma. Vater setzt durch Sohn und Geist seinen Heilsplan durch.
  - ▪ Irenäus von Lyon (um 185): ***Sohn und Geist*** sind die ***"Hände Gottes"***, die ausführenden Organe seines Willens. Dem ***Logos*** obliegt im Schöpfungsakt das *Leib- und Kraft-zur-Existenz-Gebende*, dem ***Pneuma*** das *Ordnen und Ausbilden* der Verschiedenheiten der Kräfte. Gott hat einen Heilsplan mit den Menschen

- ○ → **ABER: Bisher KEINE klare Konzeption** über das innergöttliche Verhältnis, da ja noch keine Diskussion mit dieser Fragestellung lief. ->

- ○ Ende des **2. Jhds**. kommt diese **Fragestellung** auf, da **die Christen Atheismusvorwürfen ausgesetzt** waren, und sich nun verstärkt nach außen hin erklären mussten.
- ○ Athenagoras beschreibt Ende d. 2. Jhds. die beiden Pole, die beachtet werden müssen: **Spannung** zwischen **Einheit *und* Unterscheidung** von **Vater, Sohn und Pneuma.**
- ○ => Prozess des Ringens um eine Antwort...

4. Die Kontroverse zwischen Logostheologen und Monarchianern[4]

- **Frage des Verhältnisses des Erlösers zu Gott** im späten 2. und im 3. Jhd einerseits **(a) innerkirchliches Problem,** andererseits **(b) bedeutende Frage im Außenverhältnis** (bspw. Mission, Konkurrenz zum Diasporajudentum). ->
- **Justin d. Märtyrer** schrieb 160 in Rom den ***"Dialog mit dem Juden Tryphon"***, einen Entkräftungsversuch jüdischer Vorwürfe gegen Christen.
  - ○ Vorwurf: Tryphon gegen die Präexistenz Christi ->
  - ○ Antwort: ***Zählt nun 2 Götter, versucht aber den Monotheismus weiter zu gewährleisten***, indem er auf die Logostheologie zurückgreift.

- **Begr.: "Logos"** (von griech.: "lego" = sagen, reden; eher: darlegen), Logos bezeichnet ***"Wort", "Rede", "geistigen Gehalt" und "Sinn", "Lehre"***. Er zielt auf **die innere Logik einer Sache** ab, ihre Rationalität und Vernünftigkeit -> Logos kann deshalb auch mit "Vernunft" übersetzt werden.
  -> Schon lange vor den Christen in der **griech. Philosophie** bedeutsam. 500 v.Chr. "entdeckte" Heraklit von Ephesus im Logos das letze Weltprinzip, ein Letztes, dass hinter dem andauernden Widerstreit und Wechsel der Welt steht ("panta rei", alles fließt...);
  --> die **Stoa** (ab rund 300 v. durch Zenon von Kition begründet) verbreitete diesen Gedanken weiter. Hier ist die Welt ein Ganzes, dass durch des göttliche Pneuma (Geist) durchdrungen ist. Dadurch erhält der Kosmos Sinn.
  ---> Diese beeinflusste wiederum den **Mittelplatonismus**, der wiederum die Christen stark beeinflusste... Hier stellt das "nous" das höchste geistige Prinzip dar, dass aber erst durch den "Logos" Wirkung entfaltet. Der Logos nimmt hier eine Mittlerposition zwischen reinem Geist auf der einen, und dem vielfältigen Kosmos auf der anderen Seite ein.
  Dieses Konzept faszinierte auch Philon von Alexandrien

4 Vgl. Ebd., 30–51.

- **Hippolyt von Rom**
    - Hippolyt war wohl ein **Schüler des Irenäus**; Priester unter Bischof Victor I.; bis 199 großen Einfluss im Klerus von Rom.
    - Kritik an Callistus I., der 217 Bischof von Rom => seine Anhänger setzten ihn zum Gegenbischof einer Sondergemeinde ein.
      → Worum ging es? Callistus warf Hippolyt Monarchianismus vor, Gottvater und Christus so zu trennen, dass er an zwei Götter glaube. Hippolyt bezeichnete dagegen Callistus als Patripassianer und beschuldigte ihn der zu nachsichtigen Haltung in Fragen der kirchlichen Disziplin. -> Hippolyt wurde so der erste "Gegenpapst", auch noch unter Urban I. und Pontianus

- **Origenes:**
    - **3. Jhd**., Theologe des **Ostens**; biblisch und philosophisch **gebildet** (-> die beiden Grundlagen der Logostheologie)
    - **Menschen** hätten ein **Problem damit, an 2 Götter zu glauben** => Es ist zu zeigen, inwiefern die beiden zwei und inwiefern sie ein Gott sind.
    - **Ziel des Origenes** war es, mehr die **Differenz/ den Unterschied in Gott zu betonen als die Einheit** -> Er beschrieb Vater, Sohn und Geist als 3 verschiedene **Hypostasen**[5]. Wenn Vater, Sohn und Geist 3 *Hypostasen* sind, dann dann *haben sie Eigenexistenz und reale Selbstständigkeit, sind also unterscheidbar.*
      - Die Gefahr des Monarchismus sieht O. darin, dass Vater und Sohn als ein Seiendes gesehen werden könnten. ABER:
    - Origenes bezeichnete **Vater, Sohn und Geist als eins (*hen*)**, aufgrund der Harmonie (*symphonia*) und der Identität des Wollens – diese ***Einheit*** ist aus unserer heutigen Sicht aber keine ‚seinsmäßige', sondern nur ***eine ‚moralische'.***
    - **Gott Vater**, der **Sohn** und der **Heilige Geist** sind bei O. außerdem **unwandelbar**, sowie **wesenhaft gut**.
        - *Origenes dachte dualistisch:* Alles Materielle sah er als vergänglich an, alles Geistige als ewig. Gott war immer schon ewig Schöpfer, sonst hätte er sich in der Schöpfung verändert...
    - Der **ewige Logos ist vom ewigen Vater als sein Abbild gezeugt**, die Geistwesen aber sind schon immer durch den Logos und in ihm geschaffen.

- **Frage nach dem innergöttlichen Verhältnis** hatte auch **Konsequenzen auf das Außenverhältnis der Kirche** (bspw. die Mission, oder die Beziehungen zum Diaspora-Judentum).
    - Justin d. Märtyrer versucht im *"Dialog mit dem Juden Tryphon"* einerseits die Transzendenz Gottes zu gewährleisten, und andererseits die Theophanien aus dem AT dem präexistenten Christus zuzuweisen. Dabei greift er, um die Vorstellung der Zählung von zwei Göttern plausibel zu machen, auf die Logos-Theologie zurück.
      - Die Wurzeln dieser Theologie liegen im Johannes-Prolog, sowie der griechischen Philosophie.

5. Das Anliegen des Arius von Alexandrien und die Reaktion seiner Gegner[6]

Wer war Arius?

- Arius (geb. rund um 260 n.Chr.) stammte ursprünglich aus Libyen, begann sein Wirken aber als **Presbyter in Alexandrien**.

5 *hypostasis* leitet sich vom Verbum *hyphistamai* „vorhanden sein" ab und bezeichnet im philosophischen Kontext die Eigenexistenz, die selbstständige Realität eines Seienden

6 Vgl. Ebd., 51–59.

- Presbyter: Einerseits waren sie das Ratskollegium des Bischofs, andererseits waren sie Vorsteher einer Kirche und eines Stadtteils. Arius war Vorsteher eines solchen Stadtteils, der sich in der Baukalis-Kirche versammelte.

- ARIUS stand im Ruf eines **moralisch hochstehenden Lebenswandels**, er feierte den Gottesdienst, predigte und legte die heilige Schrift aus.
- ARIUS theologische **Bildung** erwarb er bei (nicht näher überlieferten) Lehrern, die er selbst als "weise" bezeichnet (evt. bei LUKIAN von Antiochien).
  - Seine Theologie steht in engem Zusammenhang mit dem von ORIGENES geprägten, alexandrinischen Milieu. Wie bei ORIGENES ist bei ihm ein großes Maß an Sympathie für die griech. Philosophie vorauszusetzen.

Der Streit. Wie kam es dazu?

- Um 318 forderte **Bischof ALEXANDER von Alexandrien** seine Presbyter auf, eine schwierige **Passage des AT** (Wahrscheinlich zum 8. Kap. der Sprichwörter Salomos (**"Proverbia" 8,22-25**) zu **kommentieren** und dazu Stellung zu beziehen. ->
  - Quelle: Brief Kaiser KONSTANTINS aus dem Jahr 325
- ARIUS' Aussage missfiel dem Bischof, so dass er gegen Arius und seine Unterstützer vorging.
- **Welche Aussage** tätigte er? Prov 8,22-25:
  "Der Herr schuf mich als Anfang siner Wege zu seinen Werken; vor der Weltzeit (dem Äon) gründete er mich im Anfang, bevor er die Erde machte und bevor er die Abgründe machte, bevor die Wasserquellen hervorkamen, bevor die Berge befestigt wurden; vor allen Hügeln zeugt [!] er mich".
  - => **ARIUS interpretierte** dies so, dass der **Logos einen Anfang gehabt habe**. Dabei glaubt er die Lösung für das alte Problem der Vereinbarkeitsfrage von Christologie und Monotheismus gefunden zu haben.
    (a) **Gott (Vater) existierte**, vor der Schöpfung, vor der Zeugung des Sohnes, **alleine**. Dieser allein ewige Gott ist der wahre Gott. Für ARIUS zeichnet sich alles, das nicht Gott ist, dadurch aus, dass es einen Anfang hat (nur ***Gott ist anarchos***, hat keine arche)
  - => (b) Der **Sohn** hat einen **Anfang im Vater**, er ist **gezeugt, *hat eine arche***. Er kann also nicht der wahre Gott sein! Im Sinne seines Gottesbegriffs ist dies nur der ursprungslose Vater.
  - **Welche Stellung nimmt nun der Sohn, der Logos ein?** Dieser gehört einer **anderen Seinsebene** an als der ewige Vater. Er ist nicht Gottes innerer Logos, Gottes eigene Vernunft und Weisheit, sondern: er ist **Gottes Abbild**, nach dem Willen Gottes aus dem Nichts entstanden und der durch den Vorgang der "Zeugung" selbstständige Existenz gewonnen hat.
    - Da er Abbild Gottes ist dürfe man ihn "Logos" oder "Weisheit", sogar "Gott" nennen. Er ist nicht wahrer Gott, aber ***darf den Gottestitel tragen***.
    - ***Ontologisch*** ist der Sohn ***eher auf der Seite der Geschöpfe***, des Geschaffenen anzusiedeln. Sonderstellung zu den übrigen Geschöpfen.
    - Der ***Sohn*** ist, anders als der Vater, ***wandelbar*** und nur kraft seines eigenen Willens im Guten.
    - Die Christologie berührt die Ebene des wahren Gottseins nun nicht mehr -> glaubte das alte Problem nun gelöst zu haben...

Die Reaktion.

- **"Christus als Geschöpf"** wurde als **Provokation** wahrgenommen. →
- **ALEXANDERS Kontraposition**:
  - Gott der Vater war *immer* schon Vater, da auch **Christus immer schon existierte**.
  - Der ***Sohn*** war ***in Wahrheit Gottes Logos und Gottes Weisheit*** und darum auch dem Wesen nach Sohn Gottes (gleiche ontologische Ebene).

    - Er ist ***aus* dem Vater gezeugt** und nicht aus dem Nichts geschaffen.

  => ALEXANDER nutzte seine Autorität und **exkommunizierte 318/319 ARIUS** mitsamt seinen Anhängern (7 Presbyter und 12 Diakone)...

- ... **Diese erkannten dieses Urteil nicht an** und wichen nach Palästina aus, wo sie Unterstützung fanden und dem Einflussbereich des alexandrinischen Bischofs entzogen waren.
    - Unterstützung bedeutender Bischöfe, u.a. EUSEBIUS VON NIKOMEDIEN, einem geschickten Kirchenpolitiker, sowie EUSEBIUS VON CÄSEREA MARITIMA.
- Durch diese Unterstützung gestärkt **wandten diese sich 320 noch einmal an ihren Heimatbischof** um ihre Lehre erneut auszuführen, sowie gegen allgemeine Irrlehren abzugrenzen. Dabei **versucht** er Bischof ALEXANDER die **Gemeinsamkeiten** zwischen ihnen **aufzuzeigen** und **gegen die monarchianische Lehre abzugrenzen** (nach der der Vater selbst als Sohn gezeugt wird).
  Es **kann**, so ARIUS, **nicht zwei gleichewige Prinzipien geben** (da ja sonst kein Monotheismus mehr...), der **Sohn kann aber auch kein wesensgleicher Teil des Vaters sein** (später: homousios). Wichtig hierbei ist, dass er ***Gott als unteilbar*** annimmt, der Sohn kann kein "Stück" des Vaters sein => Sohn muss ein außerordentliches Geschöpf des Vaters sein.
- ALEXANDER verfasste als Reaktion auf diesen Brief **Rundschreiben**, die **vor ARIUS und seinen Anhängern warnten**. Dabei beharrt er weiter auf seiner oben dargestellten Position. Allein der Vater ist ungezeugt. Der Sohn ist dabei aus dem seienden Vater gezeugt worden.

- **Vergleich beider Ansätze:**
    - Das **arianische Konzept** weisst eine **logische Stringenz** auf, während **ALEXANDER zu lavieren scheint**: Sohn sei ewig, aber doch nicht ungezeugt, wobei die Zeugung niemand so recht erklären könne... Die "Zeugungs"-Metapher steht für ihn mehr für eine Beschreibung einer ewigen Kausalität, nicht eines quasi-zeitlichen Anfangs.

- => Der Streit weitete sich im weiteren Zeitablauf immer weiter aus, sodass sich Kaiser KONSTANTIN genötigt sah einzuschreiten (=> **Konzil von Nicäa**)...

6. Das Eingreifen Kaiser Konstantins und das Konzil von Nizäa[7]

- **324: KONSTANTIN** erlang die **Alleinherrschaft** im Römischen Reich → Machtübernahme im Osten.
    - Kaiser blieb aber dem **römischen Religionsverständnis verhaftet** (Christentum als eine Kultreligion -> durch Gebete und Feiern soll die Gunst der Gottheit gesichert werden)
- Hier wurde der **Kaiser nun mit dem Streit rund um ARIUS**, seine Anhänger und Theologie **hineingezogen**.
    - Die Haltung des Kaisers zur Religion äußert sich auch in einem Brief (324) an Alexander und Arius, in dem er die theologische Seite herunterschraubt. → Fehleinschätzung der wahren Lage (tiefgehende Debatte um den christl. Monotheismus)
    - Sandte OSSIUS VON CORDOBA startete Vermittlungsversuch → ohne Erfolg.
- **Synode zur Bischofswahl in Antiochien (325):** Zeichnete sich ab, dass die **Mehrheitsverhältnisse unter dem Klerus *gegen* ARIUS standen**. Die anwesenden Bischöfe

7 Vgl. Ebd., 60–72.

arbeiteten ein **Glaubensbekenntnis** aus, das gegen die Kernthesen des Arius stand: Der Sohn sei nun wirklich aus dem Vater gezeugt, und nicht aus dem Nichts entstanden.
- Die **Zeugung** selbst bleibt ***unbeschreibbar***;
- Der **Sohn** ist seinem ***Wesen*** nach ***unwandelbar*** und ***unveränderlich***.
- Den *drei Bischöfen*, die auf der Synode gegen dieses GB stimmten, wurde die *communio* aufgekündigt (zB Eusebius von Cäsarea)

- **325** legte der **Kaiser** in **Nicäa zur Lösung des Streites und seiner inhaltlichen Probleme eine "ökumenische" Bischofssynode** (die erste der Reichssynoden) an.
  - dem Kaiser oblag Organisation, Logistik und Durchführung des Unternehmens
  - geringe Teilnehmerzahl (rund 250); i.e.L. aus dem Osten
- **325 Beginn der Beratungen** auf **griechischer Sprache** (...wie auch der Streit um Arius auf Griechisch ausgetragen wurde)
  → ABER: **Problem**, dass Jahrzehnte später, bzw. in der westlichen Reichshälfte aufgrund des Lateins dem Diskurs nicht voll gefolgt werden konnte.
- **Quellenlage**: keine offiziellen Konzilsakten erhalten; **Quellen** sind ***(a) Eustathius von Antiochia***, die ***(b) Aufzeichnungen des Athanasius*** und ***(c) der Brief Eusebs von Cäsarea*** an seine Gemeinde.

- **Hauptergebnis** war das **Nicäanum**, das **Glaubensbekenntnis von Nicäa**. Wesentlich sind folgende Punkte:
  - **"... als Einziggeborener aus dem Vater gezeugt, das heisst aus dem Wesen des Vaters..."** - Präzsisierung, – gegen Arius – dass der Sohn aus dem göttlichen Wesen des Vaters stammt und dieselbe Seinsgrundlage wie der Vater hat.
  - **"...wahrer Gott aus wahrem Gott,..."** - Das GB betont die wahre Göttlichkeit
  - **"...gezeugt nicht geschaffen..."** - Legt gegen die arianische These Prov 8,22-25 so aus, dass die Gleichwertigkeit des Logos mit Gott betont wird.
  - **"...wesensgleich dem Vater..."** - das "homousios to patri" wird nicht näher erklärt; ein aus der Philosohie importierter Begriff. → Frage: Ist die ousia, das Wesen des Sohnes gleich der ousia des Vaters?
- → **Abstimmung im Juni 325: Zustimmung der Mehrheit**, lediglich 20 Bischöfe legten sich quer, wurden dann allerdings von Konstantin auf Bahn gebracht. Euseb von Nikomedien weigerte sich bspw. die Anathematismen zu unterzeichen und wurde in weiterer Folge mit Arius nach Gallien verbannt.

7. Die Entwicklung in der nachkonziliaren Zeit[8]

- Nach dem Konzil von Nicäa war die **Frage nach dem Verhältnis von Gott Vater – Sohn und – Heiliger Geist nach wie vor ungeklärt.**
- Um **religionspolitischen Frieden zu halten** holte d. Kaiser **326 Arius und Euseb von Nikomedien aus dem gallischen Exil zurück**, welche sich dem Kirchenfrieden anschließen mussten.
- Die **arianischen Bischöfe** gingen – mittels Einzelklagen – ***gegen die nizäanischen*** **Bischöfe** vor, was zur Verurteilung einiger nizäanischer Bischöfe vor örtlichen Synoden führte.

8 Vgl. Ebd., 72–82.

- **MARKELL (280 – 374/5):**
  - 314 – 336 Bischof in **Ankyra**
  - **verfasste** – zwecks Stärkung der theol. Komponente der Debatte – eine **Christologie**, in der er auch seine Gegner anschwärzte.
    - wendet sich **gegen Origenes** (3 Hypostasen)
    - vertritt die **Einheit Gottes** (nur eine ousia, sowie eine hypostasis)
    - **Logos** ist für ihn vor der Schöpfung gewesen und **eine Energie (dynamis**, die in der energeia (Wirkmacht) Gottes zum Vorschein kommt) **in Gott.**
      Die **Monas wird dabei zu einer Trias** (mit dem Geist).
      In der Zeugung geht der Logos aktiv aus Gott heraus. **Im Wirken ist der Logos von Vater unterscheidbar**. **Einst** geht er **wieder in die Monas zurück.**
    - Der **Heilige Geist** ist ***analog* dem Logos** bei Markell, ist dabei jedoch dem Sohn **untergeordnet (Subordination).**
    - **Fazit**: **Gott** ist für Markell **trinitarisch**, indem Gott, Logos und Geist heilgeschichtlich wirksame Entfaltungen Gottes darstellen, die ***zwischenzeitlich auseinanderfallen und später wieder zusammen kommen.***
  - => 336 Absetzung
  - → **Kritik** an **MARKELLS Positionen:**
    - Fand **im Westen Anklang**, im **Osten schnell Ablehnung**
    - **Hauptpunkte:**
      - Kritik an der Vorstellung einer Rückkehr des Logos und des Geistes zu Gott
      - Nähe zu monarchianischen Anliegen (Logos und Geist seien nur Modi des Vaters)
    - Bestand auf Basis des Nicäanums zu stehen
  - **347 Verbannung durch KONSTANTIUS**; **381** durch das **Konzil von Konstantinopel zum Häretiker erklärt.**

8. Die theologische Spaltung des Reiches[9]

- ATHANASIUS und MARKELL waren **von Konstantin in den Westen verbannt worden.**
  - **Athanasius**: Hervorragender Theologe und **Führer der kirchl. Orthodoxie** im Einsatz für das **Nicäanum**; **Positionen:** ***Pro ewige Zeugung*** des Logos, *Wesenähnlichkeit* (früher) bzw. ***Wesenseinheit*** (Spätposition), ein Geschöpf (vgl. Arianer) könne uns nicht erlösen.
- **337: Tod Konstantins -> KONSTANTIN II., KONSTANS** und **KONSTANTIUS II.** dreiteilten sich das Reich.
- **Alleinherrschaft des Konstantius bis 361**, nachdem 350 Konstans und 340 Konstantin II. wegfielen; ab 342-350 Konstans Herrscher des Ostens

- **340 röm. Synode** durch **PAPST JULIUS I.** einberufen → ***Spricht die Verbannten von allen Anschuldigungen frei***, außerdem sei deren Absetzung rechtswidrig. Aufnahme von Athanasius und Markell in Rom. Markell gelang es geschickt gegen seine Gegner zu argumentieren und in Rom Gefallen zu finden. 335 in Tyros und 336 in Konstantinopel waren beide rechtskräftig verurteilt worden... der Osten erkannte das Urteil der röm. Synode nicht an. → Weitere Spannungen.

9 Vgl. Ebd., 82–89.

- **341 Einigung** auf die **4. Antiochenische Formel**
- **343 Synode von Serdica**

9. Serdica – das gescheiterte Reichskonzil[10]

- Wann? **Herbst 342 oder 343**
- **Einberufen** von **Kaiser Konstans und Kaiser Konstantius II.**
- Wer nahm teil? **90 Westbischöfe** und **80 Ostbischöfe**; auch ***Markell*** und ***Athanasius*** nahmen teil.
- **Ziel: Kirchenpolitischer Friede und Einheit**

- In **Serdica** legten die **Bischöfe des Ostens ihre Position dar.**
  - Sie ***verurteilen explizit jede Extremposition*** (Tritheismus, Ungezeugtsein des Sohnes,...)
- Auch die **Bischöfe des Westens** sahen sich **zwei Aufgaben** gegenüber:
  - Verdeutlichung der eigenen Glaubensposition: **Westlichen Synodenväter bezogen gegen die 'Drei-Hypostasen-Lehre' Stellung**, wobei sie **nur eine Hypostase von Vater, Sohn und Heiligem Geist annehmen.** Gleichzeitig sagen sie aber auch, dass Vater, Sohn und Heiliger Geist unterscheidbar wären (über den Namen) und verteidigen sich damit gegen den Vorwurf eines modalistischen Sabellianismus.
  - **Rehabilitierung von Athanasius und Markell → Streit West – Ost.**

- **Fazit** zur **Synode von Serdica:**
  - Bischöfe des Ostens reisten ab -> Verlust des ökumenischen Charakters
  - Keine Lösung auf die Fragen, allerdings eine Ausdifferenzierung und Verdeutlichung dieser feststellbar
  - Markell hatte Einfluss auf den Verlauf der Synode
  - **→ 344 Synode von Antiochia: Versuche eines Kompromisses**, da der **Westen mit der Rede von den drei Hypostasen Schwierigkeiten hat** (Begr. aus der griech. Philosophie). **Vermittlungsversuch** über die Verwendung neuer **Begriffe "prosopon"** (Person) oder die Rede von drei "pragmata" (Dingen).

10. Konstantius II. und die Suche nach dem theologischen Kompromiss[11]

- **350 Tod Kaiser Konstans** durch Magnentius einen Widersacher
- **353 besiegt Konstantius diesen** -> Konzentration wieder auf **Religionspolitik**; **Ziel: Einheit.**
  - konnte nun Athanasius gegenüber neuen Spielraum gewinnen.

- **→ 351 Synode von Sirmium:** Absetzung eines Markell-Schülers Photin, sowie **Glaubenformel**, die in Tradition der 4. antiochenischen Formel stand (+ Anathematismen).
  - **verurteilt** wurde zB der **Satz**, **"dass sich das Wesen (ousia) Gottes verbreitere oder (wieder) zusammenziehe"**, sowie die These, "dass Vater, Sohn und Heiliger Geist eine

10 Vgl. Ebd., 90–98.
11 Vgl. Ebd., 98–112.

Person (prosopon) seien.

- **353 u. 355** erneute **Verurteilung des Athanasius durch westliche Bischöfe**, *auf Druck des Kaisers Konstantius II. hin*; 356 verbannte er den Papst, da sich dieser weigerte von A. abzulassen.
- Bis dahin schien die **östliche Fraktion die Oberhand im Streit um die Trinität zu haben**... Es zeigte sich nun, dass der **Widerstand gegen Nicäa *und* die markellianisch eingefärbte Theologie** der *größte Zusammenhalt des Ostens war.*

  Da die großen Gegner (Athanasius in der Wüste, ...) nicht mehr aktiv waren, zerfiel der Osten in kleinere Fraktionen, die subordinatianistische oder andere Positionen vertraten.
- In den **50er Jahren des 4. Jhds**. lebte der **Arianismus** wieder auf -> **Aëtius ("Neoarianer"):**
  - Diakon in Antiochien
  - Nur der ***ungezeugte Gott kann der wahre Gott sein.***
  - Durch ***menschliche Beschreibungen werde das Wesen der Dinge exakt wiedergegeben*** (eine Art Sprachphilosophie). Das Wesen Gottes (ousia) lasse sich mit dem Begriff des Ungezeugtseins (griech. agennesia) umschreiben. Vater und Sohn seien daher wesensverschieden (hetero-ousios). Sohn ist ontologisch anderen Wesens als der Vater.

    → Diese Position fand wenig Anklang im Osten, wo die Bischöfe sich ehrlich von den radikalen Thesen des Arius distanziert hatten.
- → **Reaktion** darauf: Gruppe um **Basilius von Ankyra** (ab 336 Bischof, nach Markell) und **Georg von Laodicea.**
  - Hielten an der östl. Lehre von den ***drei göttl. Hypostasen*** fest.
  - Die ***"Zeugung" der Neoarianer verstanden sie als biblische Metapher*** (Ps 2,7; Hebr 1,4; 5,5;...)
  - Weil der ***Sohn vom Vater "gezeugt" ist hat er die selbe Ousia***, **aber** eine ***eigene Hypostase*** = homoiousios (wesensähnlich; vgl.: homousios (weseneins = ident), beide Begriffe drücken aber Gleichheit aus).

- **Kaiser** beobachtete das **Aufkommen des Neo-Arianismus mit Sorge →**
- **357 Synode in Sirmium**; **Ziel: Annäherung der unterschiedlichen Standpunkte:**
  - **Lösung**: das ***größte Problem wird von vorneherein ausgeklammert*** (2. sirmische Formel): Die Frage nach dem Wesen (Frage nach homousios und homoiousios). Redeverbot darüber.
  - Vertritt außerdem die **Position, dass es nur *einen* Gott gebe** und Jesus Christus sein Sohn sei, ergo: kein Ditheismus. Mit dem Taufbefehl (Mt 28,19) wird bekräftigt, dass man stets an der Trinität festhalten müsse.
  - **Indirekt** wird die **Existenz dreier Hypostasen verteidigt**; aber auch arianische Positionen lassen sich zwischen den Zeilen durchlesen (der anfanglose Vater könne nur der einzig wahre Gott sein...)
- **Autorität des Kaisers gibt dem Dokument Gewicht**. **Ossius von Cordoba** (rund 100-jährig) unterzeichnete auch ("graue Eminenz" des westlichen Episkopats), sowie **Papst Liberius** (aus dem Exil). →

- **Kritik durch** die **Anhänger des Nicänums (Westen)**, sowie durch die **Homousianer**, die mockierten, dass die ***Formel von Sirmium nicht streng genug gegen den Neo-Arianismus*** vorgehe. Auch sei Prov 8,22-25 mit der Formel kompatibel.
- **Kaiser versuchte weiter Einigkeit anzustreben.** Dies sollte nun ein ökumenisches Konzil leisten. ->
  - **Vorsynode 359 in Sirmium** => **4. sirmische Formel**, einem *Kompromiss zw. den*

Hofbischöfen und den Homousianern um Basilius von Ankyra und Georg von Laodicea. Der Subordinatianismus der 2. Formel wurde gemildert, außerdem wird die ***absolute Vorzeitigkeit des gezeugten Sohnes gemildert.*** Außerdem wurde die **Gleichheit/Ähnlichkeit zwischen Vater und Sohn "in jeder Hinsicht" festgestellt**, was implizit auch die ousia umfasst.

→ Die Hofbischöfe versuchte möglichst viele Anhänger für diesen Kompromisstext zu gewinnen. Auch die Neo-Arianer konnten dem zustimmen, da ja auch sie eine Ähnlichkeit in bezug auf Wollen und Wirken annehmen, mit einem "in jeder Hinsicht" hatten sie aber Probleme, daher versuchten die Hofbischöfe dies durch einen Vorbehalt beim Unterzeichnen gegen dieses "in jeder Hinsicht" anzubringen.

- ○ Dieses **Konzil** sollte aber – um das alte Desaster westl. Bischöfe vs. östliche Bischöfe zu umgehen – **in zwei Teilen abgehalten** werden: Eine (a) **Synode im Westen**, eine im (b) **Osten.** → (c) Eine **Delegation** jeweils sollte dann im Anschluss an den **Kaiserhof berichten**, wo beide **Inhalte vermittelt und auf einen Kompromiss** gebracht werden sollten.

  - 359: Teilsynode in Ariminum/Rimini und
  - 359: Seleukia für die östl. Bischöfe.

  ▪ **Westen**: *Kaiser lenkte beide Synoden auf seine Linie*, sodass diese dann eine Formel unterzeichneten (Bekenntnis von Nike), die der 4. sirmische Formel sehr ähnlich war. Von der Gleichheit/Ähnlichkeit zwischen Vater uns Sohn war hier nur mehr sehr allgemein die Rede. Außerdem untersagte es die (westl.) Lehre von nur einer Hypstase.

  ▪ **Osten**: Synode von Seleukia; Auch hier waren die Delegierten zerstritten.

- ○ 359/360 Neujahrsnacht: Unterzeichnung eines Symbolums aller in Konstantinopel anwesender Bischöfe. Der 4. sirmischen Formel und dem Bekenntnis von Nike sehr ähnlich und nur wenig verändert:

  "Wir glauben an einen Gott Vater, denn Allherrscher, von dem alles stammt; und an den eingeborenen Sohn Gottes, der vor allen Äonen und vor jedem Anfang aus Gott gezeugt worden ist, durch den alles entstand, das Sichtbare und das Unsichtbare. Gezeugt wurde er als Eingeborener, als einziger allein aus dem Vater, Gott von Gott, dem Vater gleich (bzw. ähnlich), der ihn gezeugt hat, gemäß der Schrift; seine Entstehung kennt niemand als allein der Vater, der ihn zeugte...."

  Ausschlag gebend ist auch hier eine Sprachregelung am Ende des Textes: *"Es gefiel (uns) aber, dass der Begriff des Wesens (usia), der von den Vätern allzu einfältig verwendet wurde, beim Volk jedoch unbekannt war, gänzlich getilgt und künftig überhaupt nicht mehr erwähnt werde, da doch auch die göttlichen Schriften an keiner Stelle über das Wesen des Vaters und des Sohnes sprechen. Und zudem soll auch (der Begriff) Hypostase in Bezug auf Vater, Sohn und Geist nicht mehr genannt werden. Wir indes sagen, dass der Sohn dem Vater gleich bzw. ähblich (griech. homoios) ist, wie es auch die göttlichen Schriften darlegen und lehren."*

  → **Triumph** der **Kompromisspolitik** des Kaisers.

  "Ousia" und **"Hypostasis"** sollten nun also **als Begriffe NICHT mehr verwendet werden**, während eine **'homöische' Position (Wesensähnlichkeit) vertreten wurde**.

  Kaiser wähnte sich erfolgreich: Das homöische Bekenntnis von Konstantinopel legte scheinbar nun eine Basis für eine friedliche gesamte Reichskirche (von Ausnahmen wie Athanasius einmal abgesehen).

- **360 revoltierte** allerdings Julian (ein Cousin des Kaisers) gegen diesen, worauf Konstantius während des Feldzuges 361 überraschend verstarb -> Konstantius blieb keine Zeit den Frieden zu sichern.

- Unter Julian **(361 – 363 Kaiser)** änderten sich die Verhältnisse fundamental.

11. Die Sammlung der Neunizäner[12]

- Julian wandte sich – fasziniert von griech. Philosophie und der klassischen Antike – vom Christentum ab.
- → **Versuch** der **Restauration des heidnischen Staatskultes.** Dieser sollte die Einheit des Reiches sicherstellen.
  - Arbeitete gegen den homöischen Kirchenfrieden, indem er verbannte Bischöfe zurückholte. →
- 362 bspw. Athanasius (wichtiger Akteur des Nicänums) → kehrte nach Alexandrien, seine Bischofsstadt zurück. **Athanasius** verfolgte eine **umsichtige Strategie:** Versuchte die **Bischöfe durch abgeschwächte Positionen auf seine Seite zu ziehen.** Er vermied diejenigen zu verunglimpfen, die den homöischen Kompromiss unterzeichnet hatten.

  Die **Bedingungen des A.** an die Bischöfe: (a) **Verwerft den Arianismus** und (b) **akzeptiert das nizänische GB**, dann könnt ihr in die **Kirchengemeinschaft** aufgenommen werden, alles andere sollte vergeben und vergessen sein.
- **362: Synode in Alexandrien** durch Athanasius zur Sondierung: Sind auch andere theologische Gruppierungen (bspw. die vers. in Antiochien) in die kirchliche Communio aufnehmbar? → Anhänger des **Meletius** und die Altnizäner um **Paulinus** bekamen das **Angebot des A. unterbreitet.** Das ***Bekenntnis von Serdica interpretierte er im Sinne des Nicäanums um*** → Distanzierung von Markell.
  - Er **befragte die Meletianer nach ihrem Trinitätsverständnis:** Das eine Wesen in den drei Hypostasen. ***"Hypostase"*** soll hier nur ein ***Begriff für den Glauben an die Heilige Trias sein.*** Der Vater sei die eine "arche", sowie der Sohn mit dem Vater "homousios".
  - Die **Altnizäner fragte er,** ob ihre ***Trinitätsvorstellungen modalistisch zu verstehen seien ("sabellianistisch")***: Diese sagten, sie ***würden von einer Hypostase reden, da der Sohn das Sein aus dem Wesen des Vaters habe*** und die ***Natur der beiden ein und die selbe*** sei.
- → Diese **Klärung ist sehr bedeutsam:** Es geht hier um einen **wirkliches Verständnis für die Position des Anderen** und nicht mehr um Polemik. Keiner musste seine Position aufgeben, sondern der rechtgläubige Gehalt wurde festgestellt.

- Lucifer von Calaris **intrigierte gegen diese Erfolge**. Dieser weihte in Antiochien Paulinus zum Bischof der Altnicäanischen Gemeinde → Angriff auf Bischof Meletius, der diesen Anspruch erhob. → Meletius schob die Unterzeichnung des Ergebnisses der Synode von Alexandrien auf, Paulinus unterzeichnete sofort, worauf Athanasius ihn als Bischof von Antiochien anerkannte.
- Da Athanasius im Hinblick auf die Heidenbekehrung erfolgreich war, **verbannte ihn Kaiser Julian 362, woraufhin A. untertauchte.**

  363 starb Julian, auf den **Kaiser Jovian,** ein **Christ** folgte.
  - **A. nahm mit Jovian sofort Kontakt auf**, legte ihm das GB von Nicäa als sein GB vor und wurde von diesem als Bischof von Alexandrien anerkannt.
  - → Auch andere Interessensgruppierungen versuchten den neuen Kaiser einzuspannen, dieser erwies sich aber als recht parteilos. Sein wichtigstes Ziel der Religionspolitik: Frieden.
  - **Meletius** organisierte derweil **in Antiochien eine Synode**, die das GB von Nicäa als den Ausdruck des wahren und orthodoxen Glaubens präsentierte; i.e.L. östl., anti-nicäische Bischöfe stimmten zu. Sie **akzeptierten und erklärten nun ihren Schwenk zum "homousios"**. Den Wesensbegriff (ousia) würden die Väter nur verwenden um sich gegen Arius, den Gottlosen, zu wehren. Grund des Einschwenkens: Gefahr des neuen

12 Vgl. Ebd., 112–131.

Arianismus.

- **ABER: 364 verstarb Kaiser Jovian** => politische Rahmen änderte sich erneut.
  Westen: **Kaiser Valentian** (weitgehend tolerante Religionspolitik), **Osten: Kaiser Valens** (Religionspolitik des Konstantius: Homöianische Position).
  - Valens fehlte die Durchsetzungskraft eines Konstantius. Bis 373 leitete Athanasius recht unbehelligt die alexandrinische Kirche. Meletius wurde zeitweise ins Exil geschickt.
  → Die **Sammlung der Pro-Nicäaner ging aber weiter.**

- Hier kamen die **'Kappadokier' Basilius von Cäsarea, Gregor von Nyssa** (sein jüngerer Bruder) und **Gregor von Nazianz** ins Spiel: Ihnen ist der Durchbruch der **zukunftsweisenden trinitätstheologischen Position** zu verdanken.
  - ***Behandelten*** das ***Hauptproblem der Trinität:*** Einheit und Dreiheit gleichzeitig und adäquat auszusagen.
  - **Pionierarbeit: Basilius der Grosse**, ab 369/370 Bischof von Cäsarea in Kappadokien.
    - Bisher: **Wesen (ousia)** und **Hypostase (hypostasis)** wurden **ausstauschbar verwandt**; Die Altnizäner um Athanasius von Alexandrien (**Westen**) waren stets von einem ***göttlichen Wesen*** und ***gleichzeitig einer göttlichen Hypostase ausgegangen*** (stellt Monotheismus sicher). <-> Der **Osten** nahm **3 Hypostasen** an, jeder der **3 wurde dabei ein eigenes Wesen zugesprochen**.
  - **Was sagte Basilius nun konkret?** Wenn wir **"ungezeugt"/"gezeugt sein", "gut"** etc. im **Bezug auf Gott verwenden, dann sagen wir damit aus, WIE Gott ist, nicht *was* er ist.** Unser Wissen erfasst ihn niemals erschöpfend.
    - Die **Begriffe** des **Gezeugt- oder Ungezeugtseins *beziehen sich*** dabei, so B., auf die **jeweilige Hypostase**, die je eigenständige Realität des Vaters und die des Sohnes).
    Der Vater ist dabei ungezeugt und besitzt sein göttliches Wesen aus sich selbst, die Hypostase des Sohnes besitzt auch das selbe göttliche Wesen, der Vater hat es ihm im Akt der "Zeugung" vermittelt. Die beiden Begriffe sagen also etwas über die Hypostase aus, aber nichts über das göttliche Wesen, dass diesen zugrunde liegt.
    = **Neunicäanische Lösung für das alte Problem.** Es gibt also "**ein unfassbares göttliches Wesen**, das **in den drei Hypostasen** der Gottheit **auf unterschiedliche Weise realisiert ist** (griech. mia usia – treis hypostaseis): Der Vater besitzt das göttliche Wesen ohne Ursache aus sich selbst, der Sohn hingegen durch Zeugung aus dem Vater, und der Geist dadurch, dass er aus dem Vater hervorgeht [...] [Fettdruck L.G.]"[13]. Das Was des göttlichen Wesens ist bei allen dreien das selbe, das wie, die Art und Weise, wie diese drei das selbe göttliche Wesen besitzen unterscheidet sich. Diese Vorstellung *schließt Subordinationismus aus*.
    → Basilius vertritt **diese Lösung 363/364 gegen den Anhomöer Eunomius**. Im Unterschied zu dessen Ansatz schätzen die Kapadokier die Reichweite der menschl. Vernunft bescheidener ein.
    → Als **weitere Folge verändert sich die ontologische Kluft,** die bei Arius zwischen dem Ungeschaffenen (Gott Vater) und allem Geschaffenen aufklaffte hin zum Abstand zwischen dem unendlichen, ewigen göttlichen Wesen in den drei Hypostasen und allem Zeitlichen und Endlichen, Geschaffenen.

  - Wie war die **kirchenpolitische Lage?** Anfangs kaum Chancen der Kappadokier ihre Meinung durchzusetzen. Valens versuchte das homöische Bekenntnis durchzusetzen. Im Westen versuchten sie die Unterstützung Papst Liberius zu erlangen, was letzlich gelang. Durch neuerliche Streitigkeiten im Osten lösten sich die Erfolge aber bald in Luft auf (360er Jahre)

13 Ebd., 122.

- ○ **372 Erneuerung der Allianz** zwischen **Rom (Papst Damasus)** und Athanasius: Damasus schickte ein **synodales Schreiben aus Rom**, dass die **homöische Position verurteilte** und das **Nicänum unterstützte**. Gott Vater, Sohn und Heiliger Geist sind eine Gottheit ("deitas"), eine Gestalt (figura), eine Kraft (virtus) und eine Substanz (substantia). →
- ○ Der **Gesandte** kontaktierte auch schließlich die Bischöfe in Kappadokien (u.a. Meletius), die verunsichert reagierten, da sie glaubten, der Westen wolle seine Position durchsetzen, sie **antworteten vorsichtig pro-nizänisch, ohne den "Hypostasenbegriff" zu verwenden**. →
- ○ Dem Papst genügte das nicht: Verlangte, sich an den Inhalt des Schreibens zu halten. Paulinus ging 375 darauf ein und wurde **von Damasus in die Kirchengemeinschaft aufgenommen**, was allerdings als kirchenpolitischer Fehler zu werten ist, da dieser isoliert war.

  => **erneute Kluftvertiefung West <-> Ost.** Allerdings: Östliche Bischöfe ersuchten den Papst um Hilfe gegen das pro-homöische Vorgehen Kaiser Valens.
- ○ => Papst Damasus ging nun weiter auf den Osten zu und **formulierte sein Schreiben etwas um:** Rückte von einer Substanz und Gestalt ab, sondern die **Trinität** sei "von *einer* Kraft (*virtus*), *einer* Majestät (*maiestas*), *einer* Gottheit (*divinitas*) und *einer* unzertrennbaren Kraft (*potestas*), aber nicht mehr von einer Substanz und Gestalt. Statt dessen verwendete er auffälligerweise ein griechisches Lehnwort: Er bekennt *eine usia* [...]"[14] sowie drei immerwährende Personen (res personae). Rom hatte erkannt, dass der Osten den Substanzbegriff evt. missverstehen konnte -> Neue terminologische Sensibilität.
- ○ **Westen**: **Fortsetzung des Konsolidierungsversuches** auf **Basis des Konzils von Nicäa.**
  - ▪ **378, 382: Synoden in Rom:** Weiterentwicklung des **"Tomus Damasi"**, eines **Bekenntnisses zu Nicäa**, seinen Inhalten, sowie eine Auflistung zahlreicher Irrtümer betreffend die Trinitätslehre. Vater, Sohn und Hl. Geist besitzen eine potestas und eine Substanz (Begr. hier, da eine innerwestl. Standortbestimmung) in drei wahren "Personen" (deckt sich mit dem Hypostasenbegriff). Bekräftige oben ausgeführte Position. Hohe Reflexionsstufe dieses Dokuments, vergleichbar derer der Kappadokier im Osten.

- **378: Tod des Homöianers Kaiser Valens** →
- **379:** Theodosius **Augustus des Ostens**; dem **Christentum (westl.-nicäanischem) fest verbunden**; spanischer General, 32-jährig; noch nicht getauft ->380 Taufe und →
- **Edikt: "Cunctos Populos"**: Alle Untertanen müssten die "Religion des Apostels Petrus" annehmen = **Christentum wird Staatsreligion**.

  Zu glauben sind: Die eine **Gottheit des Vaters, des Sohnes und des Heiligen Geistes**, die **gleicher Majestät und Trinität seien** (=Bekenntnis des röm. und alexand. Bischofs (Petrus als Nachfolger von Athanasius))

  - Strafe bei Nichtbefolgung
  - **Westen**: **Annahme** kein Problem
  - **Osten**: Etwas **schwieriger**, allerdings: **379 Synode** mit rund 150 Bischöfen (unter Meletius), die **die Schreiben Papst Damasus bestätigten**. Da der Papst am Altnizäner Paulinus als Bischof von Antiochien festhielt scheiterte der Ausgleich mit dem Papst aber dennoch. Die Erwartungen des Kaisers waren aber erfüllt.
- **Kaiser erwies religionspolitische Weitsicht:** Versammtelte die Kirche auf einer breiteren kirchlichen Basis als seine Vorgänger. Stützte sich im Osten auf Meletius. Meletius sollte

---

14 Ebd., 127.

dann schlussendlich auch **ein neues Konzil in Konstantinopel vorbereiten**, auf dem es die Frage nach dem Heiligen Geist zu lösen galt.

12. Die Frage nach dem Heiligen Geist[15]

- Bis zu diesem Zeitpunkt konzentrierte sich die trinitätstheol. Debatte auf das Verhältnis Vater <=> (präexistentem) Sohn. Der Hl. Geist und seine trinitätstheologische Stellung wurde wenig berücksichtigt.

- **Grundlage** der **Diskussion um den Hl. Geist:**
  - In der **hl. Schrift** (Mt 28,19, sowie 2 Kor 13,13) gemeinsam mit dem Vater und dem Sohn genannt.
  - **2. Jhd.: Irenäus von Lyon:** Sohn und Geist metaphorisch als die "Hände" des Vaters dargestellt.
  - **3. Jhd.: Tertullian von Karthago**: spiritus sanctus als eigene "persona".
  - **Konzil von Nicäa:** Nur Formel: "... wir glauben auch an den Heiligen Geist"; Für die Arianer stand der Geist auf der Seite der Geschöpfe (vgl. Joh 1,3: "Durch den Logos ist alles geworden", demnach auch der Geist). Andere sahen ihn in klarer Unterordnung zu Vater und Sohn (Subordination).
- Durch die **pneumatologischen Diskussionen der Homöusianer** gewann der Diskurs an Fahrt → Sollte man auch den Heiligen Geist "gezeugt" nennen? Gibt es dann 2 Söhne Gottes? →

- Athanasius entwickelt eine **Antwort auf diese Debatte:** Die heilige Dreifaltigkeit wäre keine solche, wenn darin Schöpfer und Geschöpf zusammengefasst wäre.
  - Betont also die **Einheit des göttlichen Wesens**; des weiteren:
  - ***Nicht überall, wo "pneuma" in der Bibel gebraucht wird ist der Hl. Geist gemeint***.
  - Er selbst sieht den **Geist** am **göttlichen Heilsplan und an der Schöpfung beteiligt**, er **inspirierte die Propheten** und wirkte an der **Inkarnation** des Logos mit. Auch für die Taufe ist dieser notwendig. Was folgt für A. daraus? "Der *eine* Geist ist dem *einen* Logos und dem *einen* Gott eigen und wesensgleich (homousion)"[16]. Es wird also die **Wesensgleichheit (homousion)** auch **auf den Geist hin angewandt**.

- **Basilius von Cäsarea** (im **Werk:** ***"de spiritu sancto"***) ist **vorsichtiger**: Nennt den Heiligen Geist nicht unumwunden Gott, stellt auch nicht seine Wesensgleichheit dar. Sondern: **Gleichrangigkeit innerhalb der Trinität** wird betont (vgl. Mt 28,19). Der Geist schenkt mit dem Vater und dem Sohn gemeinsam Leben und **wird als "Herr" bezeichnet.** Den deutlichsten Hinweis auf dessen Göttlichkeit: Der Heilige Geist – so B. – sei "von Natur göttlich". Eine Unterordnung des Hl. Geistes lehnt B. also ab.
  Am **Konzil von Konstantinopel 381 folgte** das Konzil **weitgehend Basilius' Vorgaben**. Er selbst starb aber schon gegen 378.

15 Vgl. Ebd., 131–136.
16 Ebd., 134.

13. Das Konzil von Konstantinopel und die Verständigung mit dem Westen[17]

- **381**, Mai: Theodosius berief das **Konzil von Konstantinopel** ein.
  - Das **"2. ökumenische Konzil"** in heutiger Zählung, ABER eher:
  - **Synode des Ostens**, da i.e.L. neunizänisch orientierte östl. Bischöfe; Papst war nicht geladen, auch keine Legaten; insgesamt nur 1 westlicher Teilnehmer (Acholius von Thessalonike); rund 150 Konzilsväter
  - kirchl. Leitung: **Meletius**; Abhaltung: Kirche, nicht Kaiserpalast.
  - **Keine originalen Konzilsakten** überliefert, aber Akten vom Konzil von Chalzedon (451), die sich darauf beziehen ⟶ Bsp. für die Bedeutung nachträglicher Rezeption von Texten.
- **Fragestellungen:**
  - **(I) Besetzung des Bischofsstuhls von Konstantinopel, sowie Nachfolge des Meletius.**
  - **(II) Dogmatischer Diskurs** d. Konzilsväter mit den **'Pneumatomachen'** (auch: "Makedonier" genannt): **Frage um den Heiligen Geist.** Einigung mit diesen scheiterte zwar, es zeichnete sich jedoch eine Linie ab, die in einem **Symbolum** Niederschlag fanden. Dieses **GB orientierte sich am nicänischen GB**, allerdings wurde...

    (a)... der **Teil weggelassen**, der den Sohn als aus dem Wesen des Vaters gezeugt darstellt (deutet dies auf eine Sorge nach der Vorstellung einer Teilbarkeit Gottes?).

    (b) Gegen Markell von Ankyra fügte man ein, dass **Christi Reich kein Ende haben werde.** Besonders bedeutsam aber:

    (c) Umschreibung der göttlichen Würde des Hl. Geistes mit "Herr", als Kontraposition zu den Pneumatomachen, der Geist spendet Leben, geht aus dem Vater hervor und inspiriert die Propheten.

    → ABER: Es fehlt ein deutliches Bekenntnis zur Homousie des Geistes mit Vater und Sohn. Grund dafür ist, dass die ontologische Homousie des Geistes als provokant gesehen werden konnte. **Stattdessen** hatte man hier eine **"Homotimie" im Sinne: Dem Geist kommt in der Trias die gleiche Ehre zu.**
- **Forschungsdiskurs heute:** Frage nach der Entstehensweise und **Quellenbasis** des Symbolums: Liegt ihm nur das nicänische GB zugrunde oder auch andere Bekenntnisse
- **Folgen des Konzils:**
  - **Pneumatomachen** konnten das **Symbolum** v. Konstantinopel dennoch **NICHT annehmen**.
  - Zeigte, dass **Bischöfe** nach wie vor das **Nicänum als verbindliches Fundament ihres Glaubens ansahen**. Verkünden im Konzil v. K. des weiteren Anathemen bzgl. div. Irrlehren, die sich gegen das Nicänum stellen: Anhomöer, Arianer, Pneumatomachen, Sabellianer, Photinianer, Markellianer, etc. Diese Verteidigung war ein Anliegen des Konzils.
  - **Verfassen** eines **'Tomus'** – ein Lehrschreiben mit dogmatischen Inhalten –, das allerdings nicht überliefert ist.
  - **381** baten sie **Theodosius** um **Bestätigung ihrer Beschlüsse** => **"Codex Theodosianus"** vom 30. Juli 381

  - => **Letzlich: Überwindung der Krise**, die Arius ausgelöst hatte (Friede und Einheit in der östl. Reichskriche). Versöhnung mit dem Westen stand noch aus.

- **Streitbeilegung Ost – West:**
  - **Westen** reagierte auf das Konzil von Konstantinopel mit einer **Synode in Aquileia im Spätsommer 381**. Dabei sollge gegen die letzten homöischen Bischöfe vorgegangen

17 Vgl. Ebd., 137–146.

werden.

- Ambrosius von Mailand (ab 374 Bischof von Mailand) hatte **führende Rolle** inne.
- Plan eines kirchlichen Gesamtkonzils in Rom → scheiterte allerdings.
- **Sommer 382** versammelten die **östl. Bischöfe sich in Konstantinopel** und verfassten ein Synodalschreiben mit dem sie sich beim Westen für ihre Fernbleiben entschuldigten (Grund seien die Homöer (als Arianer verstanden) → Wichtigkeit ihre eigenen Gemeinden zu konsolidieren, Reise nach Rom lang...). Beriefen sich aber auf den **Glauben von Nicäa**, und bekennen *"eine Gottheit, Macht und ein Wesen (usia) des Vaters und des Sohnes und des Heiligen Geistes, die an Ehre gleiche (homotimos) Würde und gleichewige Herrschaft in drei vollkommensten Hypostasen bzw. drei vollkommen Personen, so dass sich weder die Krankheit des Sabellius ausbreiten könne, wonach die Hypostasen vermischt und deren Eigentümlichkeiten aufgehoben werden, noch die Blasphemie der Eunomianer (d.h. Neoarianer), der Arianer (sc. Homöer) und Pneumatomachen Kraft gewinnen könne..."*[18] -> Dies ist auch ein Rückschluss auf den (nicht erhaltenen) Tomus. Die östlichen Bischöfe ***nehmen auch auf die westl. Terminologie Rücksicht:*** die 3 Prosopa (Personen) werden mit den 3 Hypostasen gleichverstanden, und nicht als "Masken" (wäre modalistisch) = Förderung der dogmatischen Verständigung West – Ost. →
  Die Gesandten des Ostens wurden **in Rom wohlwollend aufgenommen.**
- **Kirchenrechtliche Regelungen** bzgl. der **Bischofsbesetzungen schafften Klarheit:** Die jeweilige Kirchenprovinz ("Eparchie") ist für Neubesetzungen zuständig.
- **Ungelöst: Problemfall Antiochien.** Frage um Neubesetzung, Papst hielt an Paulinus – für des Osten untragbar – fest. Erst mit dessen Ableben löste sich diese Frage.

=> **Friede und kirchenpolitische Einheit Ost – West.**
- **Entwicklungsprozess** hin zu diesem Frieden und dieser Einheit nahm aber noch Zeit in Anspruch
- **Literarische und theologische Aufarbeitung brauchten** ebenfalls **Zeit**. Zu nennen sind hier: Gregor von Nyssa (Werk: "contra Eunomium", 383); Augustinus (Werk, 15 Bücher: "de trinitate", verfasst: 399-419)
- **Theodosius stützte** den nicänischen Glauben auch **politisch**. Übte, als letzter Kaiser, 394/395 die Herrschaft über das Gesamtreich aus.
- **Arianer** gab es **noch außerhalb des Reiches**, bspw. bei den Germanen (zB Goten) -> zusätzlich konfessionelle Spannungen in der Zeit der Völkerwanderungen zu Spannungen allgem. Art.

14. Ausblick[19]

- **Fazit: Trinitätstheologische Diskussion** zeigt, dass **das was heute als Wahrheit erscheint und geglaubt wird**, in einem **langwierigen, konfliktbeladenen Klärungsprozess entstandt, bzw. sich herauskristallisierte.**
- Diskussionen gehen Lösungsformulierungen voran.
- **Anfrage**: Wirkt das, was sich in der **neunizänischen Lehre** ausformulierte **auf den heutigen Betrachter überzeugend?** Kann dieser oder diese darin die in der Geschichte stattgefundene und vermittelte Offenbarung des einen Gottes wiedererkennen?

---

18 Ebd., 143.
19 Vgl. Ebd., 146–154.

- **Einwände** dagegen:
  - Terminologie heute schwer verständlich;
  - Schwierigkeit logischer Art, drei Personen in einem Wesen zu denken;
  - Historischer Graben betreffend philosophischer Vorstellungen: Bspw. war der "Logos"-Begriff im platonischen Umfeld der Antike verständlich, heute weniger;
  - Das Faktum politischer Einflussnahme auf theologische Prozesse ruft Skepsis hervor.
  - Polemik gegen Kontrahenten, überbordende Selbstgewissheit, offensive, teils "kreative" Interpretation von Bibelstellen können abstoßend wirken.
- => **Herausforderung:** Eigenen **Horizont auszuweiten, um in der Lage zu sein der Wirklichkeit auch theologische standhalten zu können**.
  Das soll ja gerade auch der **Monotheismus leisten**: Nicht die Wirklichkeit willkürlich – im Sinne der eigenen Vorstellungen und Ideologien – zu interpretieren, sondern **Kausalität anzunehmen und auf einen letzten Urgrund zurückzuführen.**
  - Hierbei ist auch die Bedeutung philosophischer Denkströmungen in Vergangenheit und Gegenwart not zu berücksichtigen.

- Es gilt also das **herauszuschälen und zu berücksichtigen, was für das Christentum wesentlich ist:** Der **Glaube an einen Gott, und nur einen Gott, der der Urgrund allen Seins ist.**
  - Die **Erlösung des Menschen macht es notwendig** (wenn die dahinterstehende Vorstellung von Erlösung und der Rolle des Kreuzestodes Christi (christlich) Sinn machen soll), dass dieser Erlöser mehr ist als bloß ein Geschöpf. Die Erlösung zieht die Welt in Gott hinein und richtet sie nicht einfach nur gerade.

  - **Dünzl** betrachtet **die neunizänische Theologie als gelungen:** Nicht aufgrund ihrer Exegese, sondern weil diese (**damals**) einen **Weg fand, das Anliegen des biblischen Monotheismus mit der biblischen Botschaft und bezeugten Wirklichkeit von Vater, Sohn und Heiligem Geist auszubalancieren, ohne Christus zum Geschöpf erklären zu müssen.** (vlg. Ausgangsfrage des Buches). Diese Position, die das ermöglichte ist das Resultat eines vertieften theologischen Reflexionsprozesses, der oben dargestellt wurde.
    Gott ist im Grunde seines Wesens (vgl. apophatische Theologie der Kappadokier) **unaussagbar und unergründbar, kann nicht auf einen Begriff reduziert werden**.

Quellenangabe

Dünzl, Franz: Kleine Geschichte des trinitarischen Dogmas in der Alten Kirche, Freiburg: Herder 2006.